Couverture inférieure manquante

LÉON VANNOZ

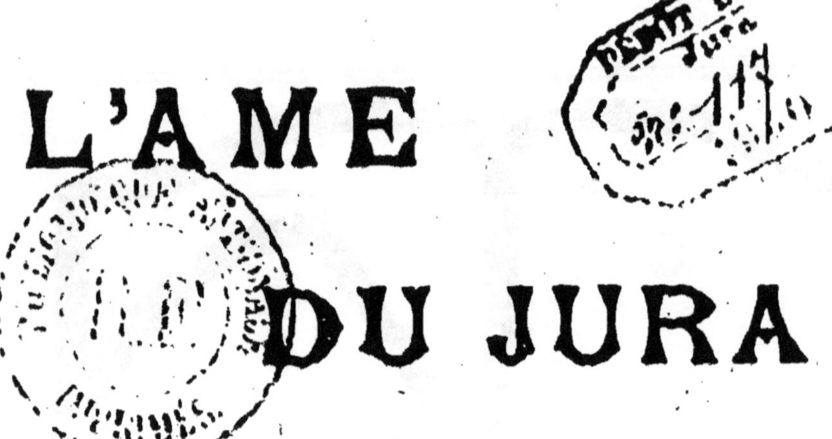

L'AME DU JURA

POLIGNY
Imprimerie de *La Vie Meilleure*

1900

L'AME DU JURA

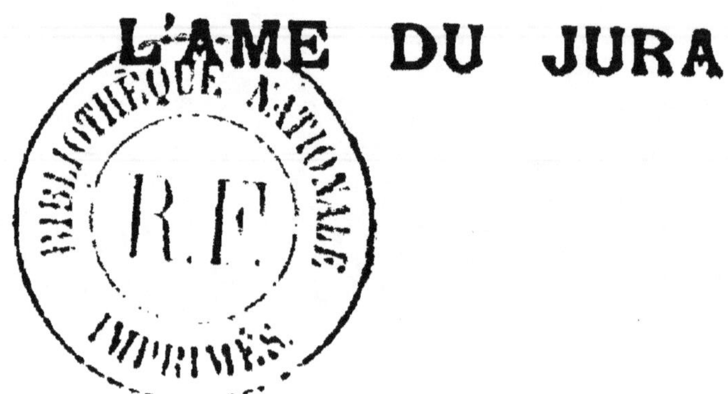

LÉON VANNOZ

L'AME DU JURA

POLIGNY
Imprimerie de *La Vie Meilleure*

—

1900

A MES COMPATRIOTES

Je dédie ces pages de croyance, de sincérité et de jeunesse. Je souhaite qu'elles leur rappellent des vérités essentielles et qu'elles les fassent s'attacher davantage encore au pays vigoureux et fort sur lequel nous sommes nés.

L. V.

L'AME DU JURA

J'étais parti depuis l'aurore et je marchais dans les herbes. Il faisait chaud. Le ciel, d'un bleu mystique et profond, d'un bleu malade, s'étendait vaguement au-dessus de moi en sa langueur d'été, et, parfois, de petits nuages gris ou blancs pareils à de gros flocons lentement passait, comme des rêves.

Depuis le matin j'errais solitaire dans la montagne. La terre était molle encore de la pluie récente. Les herbes étaient vertes, encadrant au loin quelques carrés de froment à peine mûrs que la brise ondulait comme des chevelures blondes. Mon âme était neuve et s'ouvrait toute éperdue à la beauté des choses. Je regardais. A ma droite, tout à côté de moi, s'étendait immensément la longueur imposante, monotone et d'un vert presque noir, de la

DEBUT DE PAGINATION

forêt de sapins silencieuse. Devant moi, dans un lointain mystérieux et étrange, entre deux couloirs de rochers nus, entre des calcaires d'un gris noir aux aspects de basaltes s'érigeant en forme d'aiguilles, de forteresses et de tombeaux, s'étendait l'immensité désolée d'une combe aux apparences de steppe figée dans une horreur morne et glaciale, que le soleil, malgré sa caresse et ses baisers, ne pouvait égayer d'un sourire. Quelques chalets fumaient dans le lointain, manifestant que la vie n'avait point fui ces déserts. Plus loin encore — à ma gauche — je distinguais un clocher et les maisons blanches aux toits de *tavaillons* noircis d'un village qui semblait accroupi aux pieds de son église. Un petit lac entrecoupait les prairies, et ce lac ridé, qui parfois se lamait brusquement d'argent ou devenait noir sous les rafales, semblait l'âme de quelque déesse capricieuse et ignorée. Je contemplais. Le silence planait sur ce coin de terre. A peine un murmure harmonieux et confus provenant des ondulations des sapins et des carillons des vaches émanait des choses comme un soupir. La cloche d'un village lointain parfois aussi sonnait. Je laissais entrer en moi tout ce charme très vague, fait de poésie et de mystère. Et je me pris à songer. Tout ce coin de terre épandu devant mes yeux n'exprimait-il pas très bien l'âme de mon pays ? N'était-ce pas tout le Jura qui dormait dans ces solitudes, dans la sombre et noire harmonie de la forêt de sapins, dans ce petit lac clair, à la surface mobile, et dans ces rocs calcaires surgissant de l'ombre comme des forteresses ou des tombeaux de marbre, rongés et noircis par le temps.

Et je me pris à l'aimer d'un amour singulièrement intense, ce mélancolique pays de montagnes et de plateaux, où tous mes ancêtres étaient nés, s'étaient développés, puis étaient morts.

Il me semblait qu'une âme flottait confusément sur ces campagnes silencieuses : Tandis que je marchais dans la terre molle tapissée d'herbe et de mousse élastique, je songeais vaguement à d'autres qui avaient compris et aimé l'âme de leur pays et qui l'avaient fait aimer ; et j'aurais voulu grouper tous les caractères essentiels, épars dans les paysages sauvages du Jura, épars dans les âmes de ceux qui vécurent sur ces plateaux et dans ces gorges, épars dans mon âme à moi-même, sous la cendre de mes souvenirs d'enfant et sous les alluvions de mes préoccupations quotidiennes. J'aurais voulu saisir cette âme, et l'aimer et la faire aimer. — « O mon pays, me disais-je, tu n'as pas les soleils du Midi, ni les orangers, ni les mers cérulées que bordent des sables d'or ; tu n'as pas les caresses des brises au matin, ni la volupté des soirs d'été tièdes, délicats et calmes, où l'on peut rêver assoupi dans une barque au cours de la respiration des mers et du bercement des vagues ; tu n'as pas, ô mon pays, l'aspect souriant et tendre des pays qui bordent la Loire et la Garonne, ni leur grâce, ni leur abondance, ni leur richesse en moissons. Tu es pauvre, tes rocs sont couverts d'un sol peu fertile, mais tes rochers, se hérissant sous le ciel, ont un fier aspect, tes solitudes désolées et mélancoliques sont empreintes d'une austère gravité et d'une poésie originale et forte ; tu n'as pas la grâce, mais sous ton aspect rude et sous tes neiges de plusieurs mois, se cache ta solide charpente calcaire, et tes lacs au milieu des prés semés de sapins ont un air de majesté et de grandeur comme tes vastes forêts profondes et noires. De tout toi-même, ô mon pays, sort un enseignement loyal, et qui t'a vu ne peut t'oublier. Je voudrais, bien que je ne sois encore qu'un tout jeune homme, pouvoir analyser les traits principaux de ta physionomie, je voudrais pouvoir te chanter comme d'autres ont chanté leur pays et te faire aimer comme je t'aime, Coin de terre où je suis né ! »

Tandis que je berçais de ces paroles murmurées en moi-même ma promenade silencieuse et pensive, j'étais arrivé à la grande forêt ; les sapins se dressaient comme les colonnes d'un temple et leurs branches avaient des apparences de voûtes ; une mousse épaisse et frisée tapissait le sol et décorait somptueusement les rocs, comme des murs. Je sentais que je pénétrais au cœur même du mystère et l'émotion religieuse s'emparait de mon âme. C'était bien la même impression de respect et de vénération qui inclinait autrefois les esprits de nos ancêtres et des vieux latins vers l'adoration de ces solitudes et de ces obscurités des forêts. Ils sentaient bien que c'est parmi les voûtes sombres de ces arbres et le tapis de ces mousses que la vie primitive s'est développée ; ils sentaient bien que dans ce mystère habite l'âme des choses, et moi, comme eux autrefois, je le sentais. Je m'avançais murmurant en moi-même : « Ame de mon pays, si « tu possédas jamais quelque forme sensible, « c'est dans ces lieux que tu t'es retirée. Les « hommes d'aujourd'hui, ceux des villes et

« ceux des campagnes, ne te comprennent « plus; ils sont vains, ils n'aiment que leur « intérêt mesquin et journalier. La religion « des choses ne les intéresse pas; — mais, « je t'en prie, Ame de mon pays, apparais « moi comme autrefois à nos pères. Je ne sou- « rirai pas; je ne blasphèmerai pas. La forêt « sera ton temple. Loin des yeux profanes et « des rires moqueurs, raconte-moi le passé « de ma race. »

Je m'assis sur un bloc de pierre couronné de mousse, je posai ma tête dans mes mains et voici ce que j'entendis dans la profondeur de la forêt...

Depuis quelques instants je rêvais, lorsqu'une forme de femme m'apparût — majestueuse et grande.

Elle portait la longue robe de laine blanche des prêtresses antiques. A sa ceinture pendait une faucille d'or. Les cheveux noirs ondulaient sur la blancheur de ses épaules, et dans la pâleur de son visage très régulier luisaient deux yeux profonds, d'un vert sombre comme le mystérieux abîme de la forêt de sapins. Et de sa bouche, aux minces lèvres de pourpre, ces paroles s'égrenèrent..: Ne t'effraie pas. Tu m'as appelée, je suis venue. Parce que ton âme est simple et parce que tu m'as évoquée avec un profond amour, je te dirai les secrets qui dominent les siècles et je te conterai l'histoire de ta race.

Ecoute-moi... Je fixai les yeux sur la Vision qui était impalpable plus qu'un fantôme et je sentis mon cœur s'agrandir immensément et s'épandre en mon esprit tout le mystère des siècles passés. Elle me conta d'abord comment les Helvêtes et les Séquanais passèrent tour à tour sur ces contrées, pleins d'épouvante et de terreur en traversant les gorges et les forêts. Ils s'établirent dans les pays de plaine, au pied des montagnes, sur les plateaux les plus inclinés, les premiers près du lac Léman, les seconds près de l'Ain, du Doubs et de la Saône. C'étaient des hommes austères et farouches, se nourrissant de chasse et de pêche et traînant leur famille d'un pays à l'autre dans des chariots de guerre. Et ces hommes étaient religieux. Ils eurent le culte des forêts profondes et des abîmes obscurs, des rochers couverts de neige et des lacs qui changent de couleur sous le vent et les rafales. Ils sentirent la grandeur de ces montagnes. Et ces hommes n'avaient pas de temple — leur temple était la nature. Puis, peu à peu, comme une tache d'huile, la conquête romaine s'étendit, et les légions s'établirent, elles aussi, sur les plateaux et dans les plaines. La virginité des hautes montagnes n'en fut pas souillée. Le Jura demeura libre jusqu'à ce qu'il devint l'apanage du roi d'Espagne. Mais ce fut toujours la Comté-Franche.

Les barons et les seigneurs établirent leurs repaires sur des pics où les aigles pouvaient seuls se poser ; leurs paysans accroupirent leurs chaumières sur les flancs de la montagne toujours âpre. La vie commença à se répandre, le pays à se peupler. Des moines vinrent, qui osèrent défricher la haute montagne et pénétrer, ces profanes, dans le sanctuaire des forêts sombres. Ils y apportèrent la hache et la civilisation. Ils eurent des serfs qui ensemencèrent et labourèrent pour eux. Le Jura devint un pays presque riche. Le sol rude et peu fertile était un perpétuel obstacle à vaincre, et voici qu'une race forte naquit de ce sol. La difficulté de la vie leur fut un enseignement ; ils devinrent industrieux et travailleurs obstinés pour vaincre la Nature ; ils restèrent fiers et purs, comme les montagnes qui les entouraient...

Je regardais le fantôme que mon imagination avait évoqué et qui me parlait ; la vie semblait lui revenir peu à peu. Sa parole devenait plus précise et sa voix plus vibrante à mesure que renaissaient les souvenirs. Il continua :

« — Ce fut le commencement de mon histoire. Je grandissais, relativement paisible, à peine consciente encore, au fond des forêts et sur les rocs ; je me plaisais à chanter comme les Vierges aux bords des ruisseaux et comme aux vierges l'avenir me paraissait certain. Le sol, autrefois pauvre, s'améliorait grâce au labeur assidu. Je me laissais vivre — sans souci — sans peur, aimant passionnément ma liberté et me croyant assurée pour toujours dans mes montagnes. J'avais mal prévu l'avenir. — A côté de mon domaine, par delà la Saône, s'étendait un pays puissant et riche — mais esclave, car il obéissait passivement aux volontés d'un tyran. Je me riais de ces insensés pour qui la liberté n'était qu'un mot. J'étais insensée moi-même. Un jour, le roi de ce grand pays de France traversa mes plateaux et mes campagnes ; il logea chez un de mes barons et retourna chez lui, pénétré de l'envie monstrueuse de me ravir ma liberté et d'enchaîner ma jeunesse. Il médita son projet ; il allait le réaliser, mais un jour, le poignard d'un traître le frappa, il mourut.

Ce roi d'ailleurs était grand et j'oubliai devant l'immensité de son malheur la noirceur de ses desseins, et je lui pardonnai. Mais Henri IV mort, je ne fus pas délivrée pour autant. Après ce léger émoi, vite apaisé, un danger plus grand et plus terrible surgit. La France était alors gouvernée par un cardinal énergique, ambitieux et cruel. Il pensa qu'il suffirait d'une armée pour me réduire en servitude ; il se trompa. La veille, j'étais encore une jeune vierge insoucieuse et tendre, aimant à rêver dans mes forêts ; je devins une vierge courageuse et sauvage. Aussitôt que l'ennemi voulut pénétrer sur mes domaines, ma voix s'éleva, terrible. Je devins virile.

Toute la foule des paysans, des bourgeois et des seigneurs qui me chérissaient surgit à mon appel. Ce fut l'époque de ma passion la plus vive. Un jeune homme, en qui je vibrais tout entière, rallia les bandes éparses de mes défenseurs. Avec le baron d'Arnans, Dusillet et Varroz, il organisa la défense. J'avais nourri ses jeunes années, je lui avais enseigné toutes les ressources de nos montagnes, il me défendit en héros. Son nom désormais m'est sacré et ce nom est entré avec moi dans l'histoire : Lacuzon.

La défense fut vraiment belle. Le duc de Saxe-Weimar, Guébriant, Longueville, à la tête de leurs mercenaires soudoyés par la France, envahirent mon territoire.

Dix années durant, la lutte fut farouche e obstinée. Dole fit reculer le grand Condé lui même, les bourgs résistèrent avec acharnement, la Montagne resta inviolée. Malgré la défection de quelques seigneurs, la trahison des Bauffremont-Listenois, des Montaigu, de tant d'autres, les partisans franc-comtois tenaient toujours.

Devenue courageuse et fière, et animant tout entière l'âme de Lacuzon, qui m'aimait passionnément, je défendis chaque parcelle de mon territoire contre les soudards étrangers.

Les campagnes flambaient la nuit, sinistrement. Chaque grotte abritait des défenseurs; dans chaque ravin, dans chaque forêt, je plaçai des hommes. Lacuzon, le fils de nos montagnes, capitaine improvisé, fit des prodiges; il était partout. Il s'occupait de tout. L'ennemi fut vaincu et repoussé. Je restai libre encore et digne du nom de Franche-Comté, jadis glorieusement conquis et fièrement conservé. La race que j'inspirais était digne de la liberté. »

Tandis qu'elle parlait ainsi, la forme de femme en robe blanche de prêtresse qui m'était apparue rayonnait d'un éclat de gloire merveilleux ; ses yeux verts avaient des éclairs de fierté sauvage ; ses joues pâles de fantôme s'empourpraient, et sa voix avait des stridences et des éclats. Mais bientôt son visage s'assombrit. Elle reprit d'une voix plus basse et comme assourdie :

« Mon bonheur et ma gloire ne durèrent pas. Dix ans de lutte avaient réduit la population des deux tiers, le sol était jonché de ruines : l'effort avait été trop grand pour mon peuple. Les seigneurs admiraient la pompe de la cour de Versailles et aspiraient en secret à devenir français. Le marquis de l'Aubespin, l'abbé de Watteville, aux aventures si extraordinaires, complotaient ma perte ; seul le peuple me restait fidèle, et le personnifiant : Lacuzon.

Mes ennemis l'attaquèrent, et lui, le héros, fut contraint de se défendre devant le Parlement. Il en sortit à son honneur et fut porté en triomphe par mes défenseurs.

Mais ce ne fut là qu'une lueur fugitive. Les ténèbres s'obscurcissaient autour de moi.

Bientôt mon sol fut envahi de nouveau. Il fut livré par ceux qui le gouvernaient et que je n'animais plus. Libre encore pour quelques années, je vis la division régner, je vis les représailles du peuple et l'exil des grands. Enfin, le destin s'accomplit.

Une dernière fois, l'armée française fondit sur la Comté. Mes défenseurs, débarrassés des traitres, défendirent avec opiniâtreté mes bourgs et mes défilés. Lacuzon et son gendre, le curé Marquis, Pontamougeard firent des efforts désespérés. Ce fut en vain : Dole, Salins, Besançon furent pris, les villages de nouveau flambèrent ; mon peuple, affaibli et peu nombreux, ne put repousser l'ennemi.

Le sol jurassien avait trouvé un maître.

Je me retirai au fond des bois pour pleurer. Je ressentis un désespoir profond, une amertume grande en voyant le pays foulé par mes ennemis. Et ceux qui me chérissaient encore se firent, à leur mort, enterrer la face contre terre en signe d'éternelle protestation.

Je m'égarais près des lacs et je jouais des airs douloureux sur des flûtes sauvages, tandis que les garnisons françaises occupaient les villes et que mes paysans payaient l'impôt. La force m'écrasait. Pendant plus d'un siècle je vécus ainsi, fuyant les villes où la liberté ne régnait plus, fuyant les campagnes où dominait la volonté d'un maître. Je sus me garder intacte et pure au fond de mes forêts, de mes vallées et de mes hautes montagnes. — Mon âme ne changea pas. — La liberté fut toujours ma déesse et la pureté de mon cœur ne fut jamais souillée. J'étais froide comme la neige et comme l'eau des lacs. J'étais devenue pensive et je rêvais quelque revanche contre les tyrans, lorsque soudain j'entendis une immense clameur du côté de la France. La Révolution naissait. Toute ma vieille ardeur de belliqueuse et d'indépendante reparut lorsque j'entendis pousser ce cri : « Liberté! Guerre aux tyrans! » J'avais détesté la France depuis que je la voyais esclave, je me pris à l'aimer quand je vis qu'elle voulait devenir libre. Je compris que son long esclavage l'entravait; elle ne savait pas comment parle la liberté. C'est alors que j'apparus. Un de mes fils, centenaire, Jacob, alla dans le sein de l'Assemblée Nationale faire acte d'adhésion à la grande nation française.

Je fis mieux. Je voulus donner à la France le chant qui la guiderait dans sa généreuse révolte contre l'oppression. Je me pris à vibrer dans l'âme d'un de mes enfants, un obscur officier, je lui dis tout ce que des siècles m'avaient donné et appris et dans une nuit de fièvre et d'enthousiasme je lui dictai la *Marseillaise*.

Ce fut elle qui conduisit la France à la victoire; ce fut elle qui battit les Prussiens à Valmy; je donnai des généraux à la Révolution, et Lecourbe en 1799 sauva la France en retenant Souvaroff dans les défilés des Alpes. J'avais jusqu'alors méprisé le pays qui m'avait vaincue. Depuis la Révolution je me déclarai sa fille et son amie, je fus fière d'être française. Je suivis Napoléon avec enthousiasme dans toutes les capitales de l'Europe. Pourtant je regrettais ma liberté confisquée ; un de mes fils, le général Malet, tenta en vain de rétablir la République. La France dut subir son sort. Je pleurai de honte en 1815 ; je détestai les Bourbons ; mon cœur palpita pour la liberté dans toutes les révolutions, et maintenant, tranquille et confiante, je considère l'avenir avec sérénité.

Cependant une autre ambition que celle des victoires brutales et guerrières avait germé en moi. Depuis que j'avais accepté la France et sa langue, depuis que je l'aimais, je voulais lui montrer tous les trésors qui étaient accumulés dans mon âme. Je voulus être grande dans le monde de l'esprit. Et voilà que j'allai, dans une vieille ville impériale et comtoise, qu'autrefois j'avais chérie, déposer un long baiser sur le front et sur les lèvres d'un enfant. Je lui communiquai tous mes frissons en face de la beauté des choses, toutes mes facultés d'émouvoir et d'être émue ; je lui donnai mon imagination qui me fait me complaire aux histoires chevaleresques, aux légendes du Nord, à la mystérieuse voix de la Nature.

Et cet enfant devint grand : il fut Victor Hugo. Mais Paris l'absorba vite ; il m'oublia. Pourtant la marque de mon baiser resta toujours gravée sur son front et ses chants en ont conservé ce caractère parfois étrange qui les fait ressembler à ceux des bardes du pays germain.

Mais celui-là ne fut pas l'enfant de mon génie et de ma race. Du sang vendéen s'était mêlé dans ses veines au sang comtois; je recommençai mon œuvre. Je fis un choix parmi tous les enfants de mes montagnes et j'en pris un que j'élevai jalousement. Je lui enseignai toutes les vertus de ses ancêtres et tous leurs triomphes ; en lui je développai toutes les fortes qualités qui étaient en moi-même. Je fus son éducatrice et sa mère. Et cet enfant devint grand. Il eut le culte de la liberté et de la vérité; il eut une imagination puissante sous son aspect rude, il eut le goût du travail obstiné et l'âme religieuse, généreuse et pure. Et cet enfant devint Pasteur. Je le conduisis par la main vers les honneurs et les Académies ; l'Europe entière l'admira et bénit ses découvertes, mais toujours il me fut fidèle. Je vivais en lui et lui en moi. Il resta simple dans la grandeur comme ces vastes montagnes, qui ne savent même pas qu'on les admire. Mais Pasteur est mort, et non seulement moi, mais l'Europe entière le pleure. »

Elle s'arrêta un instant pensive, puis elle reprit : « Il en est d'autres aussi que tous deux nous devons honorer. Ils furent moins grands que Hugo, ils ne représentèrent pas comme Pasteur le génie de leur race, mais autant qu'eux ils me comprirent et m'aimèrent. J'inspirai Marmier, Nodier, Cuvier, Fourier, Considérant, Proudhon, Courbet ; ceux-là vibraient à mon souffle. Ils surent éprouver des frissons devant mes longues forêts noires, ils surent sentir le caractère étrange et mystérieux de mes hautes montagnes et le traduire ; leurs œuvres fleurent une saine odeur de sapin et de kummel.

Voilà, mon enfant, quel est le passé de tes aïeux et leur histoire. Maintenant je me sais fondue entièrement dans la France. Pourtant ma personnalité n'est pas morte, mais j'aime à me retirer dans les solitudes qui m'ont abritée autrefois et à m'enfuir des villages et des villes où l'on n'aime plus ma robe de prêtresse et ma faucille d'or. Tu vins me trouver, mon enfant, tu me supplias avec amour. Je suis venue à toi. Tu voulais connaître le passé des tiens — rapidement je t'en ai fait l'histoire ; elle est glorieuse et belle... »

Je contemplais la prêtresse, ses yeux demeurèrent fixes ; elle se prit à rêver et resta silencieuse, et moi je me disais au fond de moi-même : « Ame de mon pays, je t'aime ; tu es belle ainsi sous ton antique vêtement de prêtresse avec tes cheveux ondulants sur la blancheur de tes épaules. Tes yeux, verts comme les forêts, sont profonds, et ta voix en me contant ton passé avait un noble accent. Ame de mon pays, je suis fier de toi. Depuis que tu fus consciente de toi-même, tu développas grandement les qualités qui te furent dispensées. De Lacuzon à Pasteur, tu offres un bel exemple de ténacité et de persévérance. Comme toi et par toi j'ai reçu un trésor intellectuel et psychique que je devais développer ? L'ai-je fait toujours ? N'ai-je jamais hésité et failli à ma tâche ? Ai-je le courage nécessaire pour continuer à enrichir le faisceau des vertus de ma race ? Ame de mon pays, sois-moi une aide et un enseignement. » Je m'aperçus que j'avais pensé tout haut, car elle me répondit : « Jeune homme, tu as raison. A toi et à tes frères, à vous tous qui êtes de la même origine et qui avez la même histoire, le passé doit vous servir d'enseignement. Descends en toi-même, regarde dans les profondeurs de ton cœur, et réponds-moi.

Tes aïeux eurent le respect des mystères des forêts et des lieux sombres; — ils eurent la vénération de la poésie grandiose de la Nature, — le culte des morts et des souvenirs, — l'esprit religieux. Ce sérieux dans la vie, cette austérité morale, tes montagnes te l'ont enseignée? Contemple tes forêts, tes sapins, et dis-moi si d'elles-mêmes ne se dégage pas une impression de recueillement et de mystère. Ton pays a l'air d'un géant pensif. L'âme de tes pères fut façonnée par lui. Les Helvètes et les Séquanes, autrefois, ressentirent des frissons en passant dans tes défilés et sur tes plateaux.

As-tu conservé ce respect pour les choses sacrées que t'enseigne tout ton passé? N'as-tu jamais ri des mystères qui en soi étaient saints? Fus-tu toujours recueilli et sérieux dans la vie comme tes montagnes et ta race t'apprirent à l'être? »

Je réfléchissais. « Ame de mon pays, lui dis-je, je reconnais en moi le don précieux que ma race m'a transmis — celui d'être parfois grave devant la beauté de l'Ame et des choses. La poésie m'exalte et la musique me

fait rêver. Mes frères, comme moi, sont capables de ces hautes aspirations, et c'est à toi que nous le devons, Ame du Jura lentement développée par les solitudes. — Mais nous sommes coupables. N'avons-nous pas ri souvent, avec des plaisanteries de table d'hôte, de ce que nous devions respecter? N'avons-nous pas chanté des chansons vaines, grossières ou légères? Ne nous sommes-nous pas complu parfois aux vulgarités obscènes? Ame du Jura, apprends-nous à rester toujours dans ce qui est élevé, noble et profondément sérieux. Fais-nous comprendre la beauté qui règne dans le perpétuel enseignement qu'est pour nous la contemplation de notre pays, et nous te vénérerons comme l'ont fait tous nos ancêtres. Protège-nous contre la légèreté qui vient de pays moins austères, et délivre-nous de la bassesse morale des habitants des plaines ».
Je regardai la prêtresse, elle sourit et reprit : « Jeune homme, continuons l'examen de ton âme. Tes aïeux ont eu l'amour de la liberté. L'aspérité de leurs montagnes développa en eux le besoin de l'indépendance. Ma gloire fut d'être libre. Mes suzerains me respectèrent; — Lacuzon et ses compagnons sont morts en me défendant, et, en mourant, ils ont acquis une gloire immortelle. J'ai méprisé la France

qui m'avait vaincu tant qu'elle croupit dans sa servitude et dans ses fers. Je l'ai aimée et je lui ai fidèlement obéi depuis qu'elle a secoué le joug des tyrans. C'est moi qui donnai au monde le plus beau chant de délivrance et le plus bel hymne à la Liberté qui ait jamais conduit les hommes à la victoire. C'est un de mes enfants qui composa la *Marseillaise*. Jeune homme, toi et tes compatriotes, avez-vous conservé le vieil amour qu'eurent tous vos pères pour la liberté ? »

Et je répondis avec un éclair d'orgueil et de fierté dans les yeux : « Oui, l'amour de la Liberté est toujours vivace en nos cœurs et la haine des oppresseurs et des tyrans y est enracinée. Le sang de nos pères est retombé sur nos têtes comme un baptême.

— Mais, je crois, ô vierge, que si nous avons toujours eu l'amour de l'indépendance, nous avons failli souvent à nos sentiments d'hommes libres. Que de fois nous avons accepté un maître indigne ! Que de fois nous n'avons pas été libres à l'égard de nous-mêmes et nous avons eu peur de nous juger ! Ame du Jura, le passé glorieux que tu m'as raconté nous sera un encouragement à mieux faire. Nous amplifierons en nous l'amour serein et réconfortant de la Liberté. Nous l'unirons à l'amour de la Justice, car tous deux ont la même racine profondément implantée dans nos cœurs. »

La déesse parut satisfaite. Elle reprit. « Il est une troisième qualité que la rudesse de ton pays développa chez tes ancêtres à un degré intense. Cette qualité fera notre triomphe si vous la conservez. Le sol de vos montagnes, qui sont si belles, était rude et peu fertile. Des rochers s'étendaient partout, à peine recouverts de terre. Il fallait pourtant vivre et faire pousser du blé. Tes ancêtres amenèrent de la terre, ils semèrent, ils labourèrent, ils bûchèrent. Le sol devint peu à peu propre à nourrir une race et la vôtre se développa. Vos montagnes sont restées aussi belles, aussi poétiques, aussi sauvages, mais elles sont devenues utiles ; vos ancêtres de plus acquérirent, dans cette lutte avec le sol, des qualités nouvelles qu'ils vous ont transmises, l'opiniâtreté, la persévérance, l'ingéniosité, le goût du travail. Ces vertus que Pasteur incarna, les avez-vous conservées et développées ? » Et moi je répondis : « Mes compatriotes, ô déesse, et moi-même, nous avons reçu comme un bien à faire valoir les qualités dont tu me parles ; mais si beaucoup les développèrent comme c'était leur devoir, quelques-uns furent coupables, et moi je suis parmi les coupables. J'ai reçu en partage, comme autrefois mes ancêtres, un pays vaste, pittoresque, étrange, mais souvent triste et désolé. Ce pays, c'est mon âme. Comme tu as tes montagnes, tes solitudes et tes vallées, Ame du Jura, en moi, j'ai des mélancolies et des tristesses infinies — délicieuses, sombres et profondes comme tes forêts de sapins. C'est là un sol pittoresque et beau sans doute, mais qui ne possède que des qualités négatives. Je devais le féconder pour qu'il soit utile. Car, ô déesse, nos ancêtres nous enseignent cette haute vérité : que tout doit concourir à un but utile. De même qu'ils réussirent à faire naître et à développer la vie et le blé sur leurs rocs, de même je devais m'obstiner à faire naître en moi des qualités qui serviraient aux autres et à moi-même et ne pas me contenter d'avoir en mon âme les paysages étranges que la Nature et Toi, Ame du Jura, y avez déposés. L'ai-je toujours fait ? Hélas ! je fus souvent peu soucieux de me fatiguer pour les autres et pour moi-même; souvent, je préférai les rêveries solitaires et la contemplation désintéressée des hautes montagnes au labeur obstiné, opiniâtre et utile.

Enseigne-moi, et enseigne à nous tous,

Ame du Jura, à ne pas négliger les vertus solides qui font notre force et qui nous assureront une vie prospère et triomphante. Exalte en nous les vertus qui ont placé Pasteur au premier rang des savants et des hommes ; l'opiniâtreté, l'obstination dans un travail largement utile, la persévérance.

Nous pourrons ainsi continuer dans le monde l'œuvre féconde et généreuse de nos pères et augmenter, sur les rochers de nos montages et sur nos plateaux, nos moyens d'existence et de vie. » La déesse, qui était restée un moment pensive, reprit : « Il est une quatrième qualité que je mis en vous : L'Imagination. La contemplation des solitudes et des mystérieux abimes la fit naitre en moi. En vous tous, mes enfants, j'ai mis un peu de cette faculté précieuse et délicate. Mais V. Hugo, parmi vous tous et parmi tous les hommes, fut celui que mon baiser favorisa le plus. Mais viens avec moi, mon enfant, du haut de la Montagne, je veux te montrer comme en un tableau toute ta race et tout ton pays pour qu'après l'histoire que je t'en fis — il t'en reste une impression durable. »

Elle me prit par la main, et parmi les sentiers me conduisit sur la Montagne. Des aigles volaient lourdement dans le ciel. Le jour commençait à décliner quand nous arrivâmes. Nous étions sur un des points les plus élevés de la chaine. — Un panorama immense se déroulait devant nos yeux. En face de nous, — en tournant le dos à la France, les Alpes se dressaient immuablement blanches en leur splendeur. Le lac Léman s'étendait au milieu de la plaine, entre les montagnes. Les champs qui le bordaient, chargés de toutes les richesses du sol, étaient un spectacle enchanteur pour les yeux et pour l'âme. Genève, cité unique, resplendissait à l'une des extrémités. Une vague teinte de brume ombrait ce paysage comme un rêve et je le contemplais avec un infini ravissement. Tant de beauté, tant de grandeur, tant de richesse s'y alliaient à tant de simplicité !

Mais la Forme merveilleuse comprit mes pensées et, me prenant par la main, me désigna du doigt le pays qui s'étendait sur le versant opposé des montagnes, et ses yeux dirent à mes yeux : « C'est celui-ci que tu dois aimer. » Mon cœur comprit. Je regardai : des forêts s'étendaient au loin sur les montagnes noires. Entre les montagnes, des combes profondes, monotones et sauvages, serpentaient, parsemées de chalets et de sapins. Des villages au loin apparaissaient tout blancs avec des toits noirs ou rouges, à côté de quelques prairies et de quelques champs de blé jaunissant. L'aspect de ce paysage était austère, triste et mélancolique.

Pourtant il s'en dégageait je ne sais quel air de fierté frustre et d'étrange poésie — et je sentais que je l'aimais mieux que la plaine vaudoise, si belle à regarder, si féconde et si riche !

Et voilà que l'Ame du Jura de nouveau me parla. Son bras étendu me désignait l'horizon, vers le couchant ; elle me dit : « C'est là que tes pères vécurent, c'est là qu'ils aimèrent, c'est là qu'ils sont morts. Pendant des siècles ils ont écrit sur ce sol, avec la charrue ou l'épée, une glorieuse histoire. Leur sang a été la semence qui fit sortir et grandir les tiens. Ton âme, dont tu es si fier, ce sont eux qui l'ont formée, parcelle par parcelle, tandis qu'eux-mêmes recevaient l'enseignement perpétuel du pays où ils vivaient. Toi et tous tes frères, vous êtes les fils de ces montagnes et de ces landes. Ce sont elles qui vous ont faites l'âme pensive, religieuse et recueillie que vous avez ; ce sont elles qui ont implanté en vous votre aspiration toujours vivace vers la liberté et vers le mieux ; ce sont elles qui ont développé en vos aïeux ces qualités de persévérance et d'opiniâtreté qu'ils vous ont transmises et par lesquelles vous vivez. Aimez votre pays ! Il fut grand ! Aimez votre pays dans la France, puisque vos montagnes sont allées constituer un membre de sa grande personnalité puissante, et soyez-moi toujours attachés, à moi qui vous ai tous nourris, à moi, « l'Ame du Jura ». Puis, se penchant sur mon front, elle le baisa, et reprit : « Mon enfant, j'ai voulu t'apparaître parce que tu m'aimes. Obéis-moi. Je sens que je ne règne plus comme autrefois dans les âmes de mes fils, leur amour pour moi s'en va. J'ai voulu que tu saches l'histoire de ta race et la leur. Tu rentreras dans les villes et tu écriras ce que tu as vu et entendu. »

Faiblement, je balbutiai : « Comment oserai-je conter ces merveilles qui ressemblent à des miracles. On ne me croira pas, on me traitera d'insensé, — les hommes d'aujourd'hui ne veulent entendre parler que de ce qui est d'un intérêt mesquin et journalier. Le récit de ces étrangetés ne les intéressera pas. Et je ne saurais pas d'ailleurs décrire ce que j'ai vu et ce que tu m'as dit. »

Je parlais encore, quand soudain la Forme merveilleuse qui était à mes côtés changea. Elle devint grande, grande et de plus en plus vague. Bientôt ce fut une nuée immense qui s'étendait sur tout le Jura, le soleil couchant l'irisait de teintes délicates. Sa voix faiblissante me murmura comme un écho cette phrase qui vibre encore à mon oreille : « Fais ce que je t'ai dit. N'aie pas peur. Tous te comprendront, car au fond de l'âme de chaque habitant de mes montagnes, je sommeille encore, moi, l'Ame du Jura. »

Et la Vision disparut. Je me trouvai seul. Le soleil se mourait dans le lointain.

L'horizon se teintait des mille couleurs qui apparaissent au soir plus délicates et plus nombreuses que celles qui nuancent le cou des colombes. Le ciel devenait rouge, rose, vert ; des nuages d'un violet merveilleux serpentaient dans le ciel. La brume grise descendait sur les vallées, qui devenaient plus indécises et prenaient la teinte profonde qu'ont les paysages de rêve.

Je demeurai un instant à contempler la merveille chaque jour renouvelée des soleils couchants et je redescendis de la montagne, l'âme pensive. Le soir se répandait autour de moi, sur les campagnes. Les objets prenaient à mes côtés des apparences étranges. Je me croyais un fantôme moi-même. Il me semblait voir partout le quelque chose qui demeure, au milieu de l'universelle transformation. Mon esprit était hanté d'une idée d'éternité. Quelques rares paysans passèrent à mes côtés et me saluèrent. Je crus voir les ombres de mes pères, et je sentis vaguement qu'un lien profond m'attachait à eux. J'étais pénétré d'une compassion triste pour moi-même et pour tout ce qui m'entourait en songeant au perpétuel écoulement des phénomènes. Je marchais dans la nuit. La lune se levait, éclairant ce pays de sa lumière blafarde et froide, la même qui a jadis ruisselé sur des êtres et des choses disparus.

Des étoiles brillèrent, — points de diamants dans la nuit. Une douceur infinie somnolait dans l'air embaumé de la forte odeur des sapins.

Il me sembla que c'était l'Ame de mon pays qui planait sur le sol arrosé des sueurs et du sang de notre race.....

. . . .

Longtemps — dans la suite — je songeai à cette étrange vision que j'avais eue dans la solitude d'une forêt un jour d'été, et, pour vous, mes Compatriotes, suivant la promesse que j'avais faite, je me décidai à écrire simplement, et avec la naïveté d'un enfant, ce que m'a conté et enseigné notre mère commune : L'Ame du Jura.

Léon VANNOZ.

ERRATA

Page 30, ligne 14, au lieu de *ils bûchèrent*, lire : *ils bèchèrent.*

— ligne 19, au lieu de *acquérirent*, lire : *acquirent.*

Poligny, Imp. A. Jacquin.

www.ingramcontent.com/pod-product-compliance
Lightning Source LLC
LaVergne TN
LVHW020255230826
846091LV00006B/2423
9782012941519